LES PENS

MW01711507

J'élève mon Chien

Jean CUVELIER

Illustrations de Christophe Besse

MILAN

© 2001 Éditions MILAN – 300, rue Léon-Joulin, 31101 Toulouse Cedex 1 France
Droits de traduction et de reproduction réservés pour tous les pays.
Toute reproduction, même partielle, de cet ouvrage est interdite.
Une copie ou reproduction par quelque procédé que ce soit, photographie, microfilm, bande magnétique, disque ou autre, constitue une contrefaçon passible des peines prévues par la loi du 11 mars 1957 sur la protection des droits d'auteur.
Loi 49.956 du 16.07.1949
Dépôt légal : 3e trimestre 2001
ISBN : 2.7459.0198.2
Imprimé en Espagne

Sommaire

Chapitre 1 : le chiot

Chapitre 2 : le chien adulte

Chapitre 1

Le chiot

Avoir un chiot est une belle aventure : caresser cette drôle de boule chaude, jouer avec lui te procurera bien des joies. Mais cela ne suffit pas : il faut le nourrir, le soigner, l'éduquer et ne jamais oublier que les bonnes habitudes se prennent lorsque ton chien est petit.

Choisir son chiot

Une adorable boule de poils va bientôt entrer dans ta vie : ta famille est enfin d'accord pour que tu aies un compagnon à quatre pattes. Il te reste à le choisir… parmi 350 races !

Comment faire le bon choix ?

Pour que ton chien soit heureux et qu'il te rende heureux, il te faut choisir une race parfaitement adaptée à ton environnement et à ton mode de vie. Si un caniche nain se contente facilement d'une vie en ville avec 2 ou 3 sorties journalières, ce n'est pas le cas d'un dogue ou d'un terre-neuve !

Attention : ils vont grandir !

Les bâtards sont plus intelligents que les chiens de race

Un chien croisé ou sans pedigree ne sera pas plus ou moins intelligent qu'un chien de race pure. En revanche, les chiens de race sont généralement plus spécialisés (chasse, garde, compagnie…) que les bâtards.

Certaines races présentent-elles des prédispositions aux maladies ?

Oui, des affections, comme la dysplasie coxo-fémorale (malformation de la hanche) et diverses anomalies oculaires, sont plus fréquentes chez certaines races. Les éleveurs consciencieux tentent de se débarrasser de ces maladies en éliminant de la reproduction les animaux porteurs de tares. Avant d'acheter un chiot de race, renseigne-toi sur le sérieux de l'éleveur.

Le chien est un animal dépendant : il attend beaucoup de toi.

Prendre le temps de la réflexion

Pour éviter des déceptions, définis très clairement avec tes parents les conditions de vie que tu offriras à ton chien : type d'habitation (appartement, maison avec ou sans jardin...), disponibilités journalières, loisirs... Précise aussi le rôle qu'il tiendra (compagnie, garde, chasse...). Si plusieurs races correspondent à tes critères de choix, laisse parler ton cœur pour les départager. Tu peux aussi demander conseil, en expliquant tes exigences, à un vétérinaire ou à un professionnel du chien qui t'aidera à trouver le compagnon de tes rêves.

Bon à savoir avant d'adopter un chien

Le chien est un animal « grégaire », qui a l'habitude de vivre en groupe. Il a besoin de ta présence et de beaucoup d'affection. Son adoption est une lourde responsabilité.

- Il vit en moyenne 12 ans. Si tu as aujourd'hui 10 ans, auras-tu assez de temps à lui consacrer lorsque tu auras 18 ans, et que lui sera aux 3/4 de sa vie ?

- Un chien ne reste pas petit. Certaines races peuvent peser plus de 40 kilos à l'âge d'un an (chien de race géante). L'aimeras-tu toujours autant quand il aura grandi et perdu son poil de bébé, si doux au toucher ?

- Il doit sortir au moins 3 fois par jour pour faire ses besoins et se dégourdir les pattes. Es-tu partant pour sortir avec lui hiver comme été quelles que soient les conditions météorologiques ?

- Il mange 2 fois par jour. Es-tu prêt à t'occuper de ses repas et à lui nettoyer ses gamelles ?

- Il ne s'éduque pas tout seul. Trouveras-tu, en particulier pendant ses premiers mois, suffisamment de temps pour lui apprendre les bonnes manières ?

- Enfin, as-tu pensé à ce que tu en feras au moment des vacances ?

De nouvelles races apparaissent-elles encore aujourd'hui ?

Oui, de nouvelles races apparaissent à la suite de mutations génétiques spontanées ou de croisements. C'est le cas du berger blanc, variété du berger allemand chez laquelle on a fixé la couleur blanche, ou du bull boxer, issu du croisement entre le boxer et le staffordshire-bull-terrier.

Ce magnifique berger arbore fièrement un pelage immaculé.

Certaines races nécessitent-elles plus d'entretien que d'autres ?

Plus le poil de ton chien sera long (lévrier afghan, pékinois, bobtail…), plus son entretien te prendra du temps. Si tu n'es pas prêt à y consacrer une demi-heure chaque jour, choisis plutôt une race à poil court. D'autres races, comme le caniche ou les terriers, ont besoin d'un toilettage régulier.

Quels sont les avantages et les inconvénients d'un chien de petite taille ?

Avantages	Inconvénients
Grande longévité	Aboie facilement
Sans grand danger pour l'entourage	Dressage souvent difficile
Peu exigeant en espace	Dentition à surveiller
Se transporte dans un sac	Téméraire vis-à-vis des gros chiens
Budget alimentation réduit	Peu d'effet sur les cambrioleurs
Facile à promener par un enfant	Toilettage pour les races à poil long
Croissance rapide sans souci	Manteau nécessaire

Quels sont les avantages et les inconvénients d'un chien de grande taille ?

Avantages	Inconvénients
Présence rassurante	Difficile à transporter
Impressionne les cambrioleurs	Espérance de vie réduite
Aboie peu en général	Croissance délicate
Sort par tous les temps	Besoin impératif d'exercice
Dort facilement dans une niche	Budget alimentation élevé
Dressage assez facile	Potentiellement dangereux

Corniaud ou bâtard, quelle différence ?

Un bâtard est issu de l'union d'un parent de race pure et d'un parent de race indéterminée ou pure (mais d'une race différente du premier parent). Quant au corniaud, il est le fruit des amours de 2 chiens n'appartenant à aucune race.

Corniaud ou bâtard peu importe : c'est ton chien.

Comment avoir une idée de la taille d'un chiot bâtard à l'âge adulte ?

Contrairement aux chiots de race, dont on connaît parfaitement la taille à l'âge adulte, il est difficile de prévoir la taille future d'un chiot bâtard. Tu peux en avoir une idée si tu connais ses parents. Sinon, regarde ses pattes. Si elles sont grosses et larges, il sera de grande taille. Si elles sont petites et fines, il sera de petite taille.

Existe-t-il des races de chiens plus méchantes que d'autres ?

Non, il n'y a pas de races de chiens plus méchantes que d'autres. Seules les caractéristiques physiques et les aptitudes varient suivant les races. Si, dans une race, il peut exister une lignée de chiens peu équilibrés, c'est surtout l'environnement et l'éducation qui façonnent le comportement du chien. L'agressivité se rencontre chez toutes les races : du caniche au dogue allemand. Toutefois, en cas de conflit, un petit chien fera toujours moins de dégâts qu'un gros chien.

Lassie : le plus grand casting canin jamais réalisé

Pour trouver le chien vedette de son film *Lassie come home*, « Lassie chien fidèle », la Metro Goldwyn Mayer n'hésita pas à auditionner plus de 1 500 collies. L'heureux élu, un mâle, s'appelait « Pal ». Il incarna Lassie dans 5 films. Au sommet de sa gloire, il se déplaçait en avion privé et possédait son bateau et sa limousine.

Quelles sont les différences de caractères entre mâle et femelle ?

Trait de caractère	Mâle	Femelle
Dominance vis-à-vis du maître	+	-
Agression des autres chiens	+	-
Défense du territoire	+	-
Demande d'affection	-	+
Facilité à devenir propre	-	+
Douceur avec les enfants	-	+
Facilité à éduquer	-	+

Les races les plus demandées

Dans l'ordre : labrador retriever, golden retriever, west-highland-white-terrier, caniche, yorkshire-terrier, boxer, berger allemand, rottweiler, teckel, english cocker spaniel, cavalier king-charles.

Barry, chien d'avalanche

Ce saint-bernard, qui vécut de 1800 à 1814, sauva plus de 40 personnes qui s'étaient perdues en montagne entre la Suisse et l'Italie. Tu peux voir aujourd'hui sa dépouille naturalisée au musée d'Histoire naturelle de Berne, en Suisse.

Labrador

Cavalier king-charles

Boxer

Berger allemand

Rin Tin Tin, le plus célèbre des bergers allemands

Découvert en France près d'un champ de bataille en 1918, Rin Tin Tin, encore chiot, fut ramené par le caporal Lee Duncan aux États-Unis. Grâce à son intelligence et à l'extraordinaire complicité qui l'unissait à son sauveur, Rin Tin Tin devint la vedette d'une quinzaine de longs-métrages. Une doublure assurait à sa place les scènes les plus dangereuses. Il mourut en 1932, riche et célèbre. Ses descendants se lancèrent également dans le cinéma.

Le saint-bernard : l'un des plus gros chiens

L'un des plus beaux saint-bernard ayant existé fut présenté en 1887 à l'exposition de Sheffield : il s'appelait Lord Bute et mesurait 109 cm au garrot pour un poids de 112 kilos, soit plus de 100 fois le poids du plus petit des chihuahuas.

Le chien le plus rapide

Le greyhound est imbattable à la course : il atteint 70 km/heure sur piste. C'est la formule 1 de l'espèce canine !

Le chien le plus étonnant

Avec son corps entièrement dénudé et sa tête garnie de quelques touffes de poils, le chien chinois à crête a une drôle d'allure. En hiver, n'oublie pas de lui mettre un manteau et en été, de l'enduire de crème solaire.

Le chien le plus plissé

Une drôle de tête d'hippopotame et des plis partout : le shar-peï donne vraiment l'impression d'avoir enfilé un costume trop grand. Très en vogue récemment, il est aujourd'hui un peu délaissé. Les nombreux problèmes de peau dont il souffre y sont sans doute pour beaucoup.

Un chien qui n'en finit pas

Avec une longueur égale à 4 fois sa hauteur au garrot, soit plus d'un mètre du bout du nez à l'extrémité de la queue, le terrier de Skye a vraiment des allures de saucisson à roulettes. Il eut son heure de gloire, dans les années 60, sous les traits du célèbre Pollux du *Manège enchanté*.

Le chien le plus grand

Avec plus d'un mètre au garrot, le lévrier irlandais et le dogue allemand rivalisent pour le record de hauteur. Ils n'ont pas besoin de sauter pour finir les plats restés sur la table...

Adopter son chiot

Tu brûles d'impatience d'avoir ton nouveau compagnon. Mais que tu achètes un chien de race ou que tu recueilles un chien abandonné, assure-toi qu'il a bon caractère.

Si 2 chiens d'une même race se ressemblent, leur comportement peut être très différent. Renseigne-toi sur les origines du chiot et sur son éducation durant les premières semaines de sa vie.

Un ami vient d'avoir une portée de chiots et souhaite m'en donner un. À quel âge puis-je le prendre ?

Si tu désires que ton chiot devienne un adulte équilibré, il faut le laisser avec sa maman au moins jusqu'à l'âge de 8 semaines.

La Société centrale canine (SCC)

Pour connaître les chiots disponibles et l'adresse des éleveurs, tu peux appeler la Société centrale canine au 01 49 37 54 01.

Pourquoi mon chiot a-t-il besoin de sa maman ?

À la naissance, ton chiot ne sait pas encore qu'il est un chien. Il va l'apprendre au contact de sa mère et des autres chiens. Un chiot orphelin, nourri et élevé par un humain, se prendra pour un humain. Adulte, il aura du mal à communiquer avec les autres chiens. Il va aussi, en jouant, apprendre à contrôler sa motricité : il saura ainsi quand s'arrêter de jouer ou de courir dans tous les sens et saura maîtriser l'intensité de sa morsure.

Où vaut-il mieux se procurer un chiot : chez un éleveur, chez un particulier ou dans un magasin pour animaux ?

En achetant ton chiot à un éleveur ou à un particulier, tu as plus de garanties : tu peux voir ses parents – et donc te rendre compte de son allure à l'âge adulte – et juger de la façon dont il est élevé. Pour être un compagnon équilibré, il a besoin de rester avec sa maman, en compagnie d'humains (adultes et enfants), dans un environnement riche en stimulations (jouets, lumières, bruits divers...). Si tu l'achètes dans une animalerie, tu devras faire confiance au vendeur.

Combien coûte un chien de race ?

Le prix varie : plus la race sera à la mode, plus son prix sera important. Un chien de race tatoué et vacciné vaut entre 534 € (3 500 F) et 990 € (6 500 F).

Lorsque j'ai acheté mon chiot, le vendeur m'a remis une carte de tatouage sur laquelle il était inscrit « race type labrador ». Est-ce que cela veut dire qu'il est de pure race ?

Non, la carte de tatouage ne sert qu'à identifier un chien, qu'il soit de race pure ou non. Elle ne prouve donc pas que le chien est de race pure. Attention, pour que la carte de tatouage soit à ton nom, le vendeur doit la renvoyer à la Société centrale canine afin qu'elle fasse le changement de propriétaire. Une fois le changement enregistré, tu recevras une nouvelle carte.

Comment savoir si mon futur chiot est en bonne santé ?

Avant de l'acheter, examine-le bien. Un chiot en bonne santé a le pelage luisant et fourni. Il a le regard vif. Son nez est propre et humide. Ses oreilles sont rose pâle sans écoulement ni odeur. Ses dents sont blanches, ses gencives et sa langue, roses. Son derrière est propre, sans traces de diarrhée. Ses côtes ne sont pas visibles, mais facilement palpables. Dès que tu auras acheté ton chiot, montre-le à un vétérinaire pour qu'il termine ses vaccinations.

Un chien en bonne santé a tout simplement un air heureux !

Comment déterminer l'âge d'un chiot ?

La détermination de l'âge se fait par l'examen des dents.

À la naissance, un chiot n'a pas de dents. Les premières dents de lait, fines et pointues, apparaissent vers 3-4 semaines. À 5 semaines, elles sont toutes sorties. Le chiot possède alors 28 dents qu'il va conserver jusqu'à 3 mois et demi, c'est-à-dire pour chaque demi-mâchoire :

- en haut : 3 incisives, 1 canine, 3 prémolaires = 7 ;
- en bas : 3 incisives, 1 canine, 3 prémolaires = 7.

Au départ bien serrées, les dents de lait s'écartent progressivement et tombent pour laisser la place aux dents définitives. Les premières à apparaître sont les incisives entre 4 et 5 mois, puis les prémolaires entre 4 et 6 mois, les canines ou crocs entre 5 et 6 mois et enfin les molaires entre 4 et 7 mois. Ainsi, à 7 mois le chiot possède sa dentition adulte complète soit 42 dents, c'est-à-dire pour chaque demi-mâchoire :

- en haut : 3 incisives, 1 canine, 4 prémolaires, 2 molaires = 10 ;
- en bas : 3 incisives, 1 canine, 4 prémolaires, 3 molaires = 11.

Chez l'adulte, l'estimation de l'âge est établie en fonction de l'usure des incisives. Elle est moins précise, car elle varie beaucoup en fonction des habitudes alimentaires.

S'occuper de bébés chiots

Ça y est, ta chienne a eu ses petits. Bien serrés les uns contre les autres, ils savourent le lait de leur maman. Très fragiles, ils ont besoin de toute son attention, mais aussi de la tienne.

Ma chienne n'a plus de lait. Quel lait puis-je utiliser ?

Si ta chienne ne peut assurer l'allaitement de ses petits, l'idéal est de les confier à une autre chienne. Sinon, il ne te reste plus qu'à jouer la nounou. Procure-toi un biberon (avec une tétine adaptée à leur gueule) et un lait maternisé spécial chiots. En cas d'urgence, tu peux remplacer temporairement le lait par le mélange suivant : 1 verre de lait entier de vache, 1 verre de crème fraîche à 12 % de matière grasse et 1 jaune d'œuf.

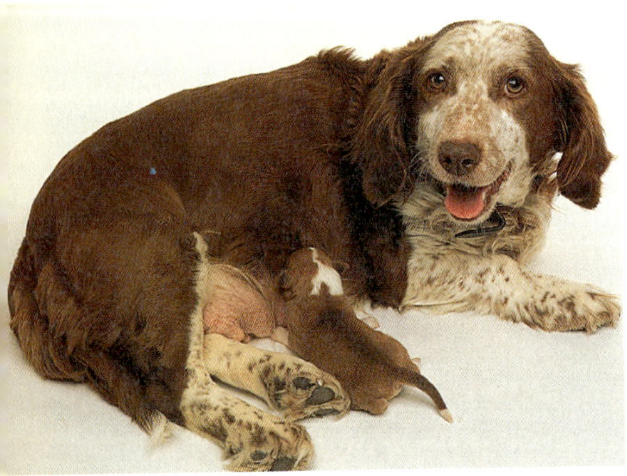

Pour les chiots, l'idéal est l'allaitement maternel.

Combien de biberons dois-je donner à mes chiots ?

La première semaine, donne-leur 7 biberons par jour, puis 6 la deuxième, puis 5, puis 4. Avant de donner la tétée, vérifie la température du lait (38 °C). La quantité de lait à donner varie suivant l'âge et la race : suis les conseils de la notice sur la boîte de lait. Réveille les petits en les frictionnant légèrement.
Le biberon terminé, masse-leur doucement la région anale pour qu'ils fassent leurs besoins.
Après chaque utilisation, nettoie et stérilise le biberon et la tétine car les chiots élevés artificiellement sont très sensibles aux infections.

Quand les chiots seront-ils capables de manger tout seuls ?

Pendant les 3 premières semaines, les chiots se nourrissent exclusivement de lait. Entre la 3e et la 4e semaine, tu peux commencer à leur présenter une bouillie spéciale ou des croquettes pour chiots réhydratées avec du lait maternisé. Sers-leur 4 repas par jour. À 5 semaines, les chiots mangent de la bouillie la journée et retrouvent leur mère la nuit. À 8 semaines, le sevrage est terminé. Les chiots peuvent rejoindre leur nouveau foyer.

À quel âge mes chiots vont-ils ouvrir les yeux et entendre ?

L'ouverture des paupières a lieu vers le 14e jour, mais ce n'est que quelques jours plus tard que leurs yeux sont véritablement fonctionnels. À 3 semaines, les chiots deviennent sensibles aux bruits.

Quelle température faut-il dans la pièce où se trouvent les chiots ?

Pendant les 2 premières semaines, les chiots sont très sensibles au froid. Veille à ce que la température ambiante ne descende pas en dessous de 25 °C.

Il ne faut pas toucher les chiots tant qu'ils sont avec leur maman ?

Comme tes chiots sont amenés à vivre en compagnie d'humains, il est au contraire important qu'ils soient manipulés dès leur plus jeune âge. Au début, caresse-les quand ils sont en train de téter. Ensuite, prends-les délicatement dans tes mains et caresse-les dans le sens du poil.

Nourrir son chiot

Une alimentation équilibrée est indispensable pour que ton chiot garde la forme et grandisse harmonieusement. Pas question de lui donner les restes de table car ses besoins alimentaires sont différents des tiens.

? Est-il préférable de préparer soi-même la gamelle de son chien ou d'acheter des aliments tout préparés ?

Pour bien grandir, ton chiot doit trouver dans son alimentation tous les éléments (protéines, vitamines, minéraux, oligoéléments…) indispensables à sa croissance. Si tu n'as pas beaucoup de temps ou si tu veux éviter les erreurs, opte pour une alimentation toute préparée.

! À savoir

Aliment complet : aliment qui couvre l'ensemble des besoins de l'animal. Il n'y a rien à rajouter.

Aliment complémentaire : aliment destiné à être mélangé à un autre aliment pour constituer une ration équilibrée.

Croissance : aliment destiné au chiot en croissance.

Adulte : aliment destiné au chien adulte.

Senior : aliment destiné au chien âgé.

? Mon supermarché propose plus d'une dizaine d'aliments pour chiens. Comment choisir le bon ?

Il te suffit de lire avec attention les étiquettes et de prendre celui qui correspond à l'âge et à la taille de ton chien. Certaines étiquettes précisent la race (petite, moyenne, grande) à laquelle l'aliment est destiné. Ex. : pour un chiot pinscher de 5 mois, il te faut un aliment « croissance petite race ». Pour un berger allemand de 18 mois, il te faut un aliment « adulte grande race ».

Quels sont les avantages et les inconvénients des croquettes ?

Les croquettes se conservent bien si on les stocke à l'abri de l'humidité. Elles sont plus économiques que les boîtes (elles coûtent environ 3 fois moins cher). Elles réduisent l'entartrage des dents, mais il faut absolument donner un bol d'eau en même temps.

Quels sont les avantages et les inconvénients des boîtes ?

Elles donnent envie de manger ! Mais elles sont plus coûteuses que les croquettes, elles sont lourdes à transporter et, une fois ouvertes, s'altèrent rapidement.

Croquettes/boîte, c'est l'eau qui fait la différence

La principale différence entre un aliment en boîte et un aliment sec sous forme de croquettes est la quantité d'eau qu'ils contiennent. Les croquettes contiennent moins de 14 % d'eau, et les boîtes plus de 70 %.

! Les aliments interdits

Les **friandises** et les **pâtisseries** riches en sucres.
Le **chocolat**, qui contient une substance toxique pour le chien.
Les **restes** de table, les **sauces** et la **charcuterie** riches en graisses.
Le **lait**, souvent mal digéré.
Tous les **os**, sauf les gros qui ne peuvent pas être avalés.

Combien de repas par jour faut-il donner au chiot ?

Cela varie en fonction de l'âge. De 3 à 4 mois, distribue-lui 4 repas par jour, de 4 à 6 mois, 3 repas par jour, et, après 6 mois, 2 repas par jour. Veille à lui servir ses repas au même endroit et à la même heure.

Les os sont bons pour les chiens

Oui, mais pas tous. Les os de poulet ou de lapin sont dangereux. En se cassant, ils forment des esquilles qui peuvent perforer le tube digestif. En revanche, tu peux donner à ton chien un gros os de bœuf ou de veau. En le rongeant, ton chien absorbera du calcium indispensable à sa croissance.

Hygiène et santé du chiot

Ton chiot est maintenant installé chez toi, et il te suit partout. Pour qu'il se sente bien et qu'il devienne beau, veille à son bien-être et à sa santé. Offre-lui une gamelle et un coin tranquille pour dormir ; prends soin de ses oreilles, de ses yeux et de ses griffes ; enfin, pense à le vacciner et à le vermifuger régulièrement.

Mon chiot a des poils dans les oreilles. Cela le gêne-t-il pour entendre ?

Non, mais les poils retiennent l'humidité, les poussières et favorisent les otites (inflammation des oreilles). Il faut donc les retirer régulièrement. Saisis-les avec les doigts ou à l'aide d'une pince à épiler, puis tire délicatement dessus. L'épilation des oreilles n'est pas très agréable. Pour que ton chien l'accepte sans réticence, habitue-le dès son plus jeune âge.

Une ouïe très performante

Ton oreille est sensible aux vibrations sonores comprises entre 20 et 20 000 hertz. Celle de ton chien capte en plus les ultrasons allant de 20 000 à 40 000 hertz. Cette audition ultrasonique lui permet d'entendre les discussions de petits mammifères (souris, mulot...) et de répondre au sifflet à ultrasons, inaudible par l'homme.

L'hygiène des oreilles

Une fois par semaine, inspecte les oreilles de ton chiot. Pour enlever le cérumen et les saletés, utilise un produit d'hygiène mais pas d'éther ni d'alcool ! Verses-en quelques gouttes dans son conduit auditif. Masse bien la base de l'oreille pour dissoudre les saletés. Une fois qu'il se sera secoué les oreilles, essuie les sécrétions dissoutes avec un morceau de coton ou une gaze. Si l'intérieur de ses oreilles est rouge, s'il secoue souvent la tête ou s'il se gratte anormalement, il peut s'agir d'une otite. Dans ce cas, consulte un vétérinaire.

Le chien ne voit qu'en noir et blanc

Non, ton chien voit également les couleurs. Toutefois, il n'en distinguerait que 2. Par contre, il voit mieux que toi dans la pénombre et perçoit mieux les mouvements à distance. Cela lui permet de repérer ses proies de très loin.

Le matin au réveil, mon chiot a de petites croûtes au coin des yeux. Est-ce normal ?

Naturellement, des sécrétions ou des poussières s'accumulent dans l'angle interne de l'œil. Lorsque l'animal a le poil sombre, ces sécrétions sont peu visibles. En revanche, chez les chiens au pelage blanc, elles forment 2 petites taches disgracieuses au coin de l'œil. Les chiens aux yeux globuleux et au museau court sont particulièrement sujets aux affections oculaires. Si le larmoiement est important, l'œil rouge ou si ton chien cligne de l'œil, consulte un vétérinaire. N'utilise jamais un collyre sans avis médical. Mal utilisé, il peut aggraver les lésions existantes.

L'hygiène des yeux

Utilise toujours une solution nettoyante spécialement conçue pour les yeux. De l'eau bouillie ou, mieux, du sérum physiologique conviennent également. Verses-en quelques gouttes sur une compresse stérile (évite le coton qui s'effiloche). Essuie l'œil délicatement, de l'angle interne vers l'angle externe. Recommence l'opération jusqu'à ce qu'il soit bien propre. Si tu nettoies les 2 yeux, utilise une compresse différente pour chaque œil.

Mon chien a des griffes très longues. Faut-il les lui couper ?

Naturellement, un chien use ses griffes sur le sol. Si ce n'est pas le cas de ton chien ou s'il possède des ergots (griffes situées sur le côté de la patte, sans contact avec le sol), il faudra les lui couper car ses griffes risquent de se casser ou de se recourber, et de s'enfoncer dans ses coussinets.

Opération délicate, la coupe des ongles doit s'effectuer avec beaucoup de soin.

La coupe des ongles

Pour cette opération délicate, demande l'aide d'un adulte. Il faut utiliser une pince coupante de bonne taille ou une pince à guillotine bien aiguisée (en vente chez le vétérinaire ou dans une animalerie). Si l'ongle est transparent, il faut le couper 3-4 mm en dessous de la portion charnue. Si l'ongle est noir ou si l'on n'est pas sûr de l'endroit de la coupe, il faut commencer par exercer une pression sur l'ongle avec la pince. Si le chien réagit, c'est qu'on est sur la portion charnue. Dans ce cas, il faut descendre légèrement la pince.

Anatomie d'un ongle

Les ongles sont des structures cornées protégeant l'extrémité des dernières phalanges. Entre la partie cornée de l'ongle et l'os de la phalange se trouve une région parcourue par de nombreux vaisseaux (derme), qui saigne, parfois abondamment, lorsque l'ongle est coupé trop court ou arraché. Cette portion charnue est visible par transparence sur les ongles blancs ou peu pigmentés.

Un odorat extrêmement développé

Le chien a un odorat 1 million de fois plus développé que l'homme. Grâce à ce flair exceptionnel, un chien entraîné est capable de repérer aussi bien une victime ensevelie sous une épaisse couche de neige, qu'un sachet de drogue dans une valise ou qu'une truffe enfouie dans la terre. Certains chiens sont aussi utilisés pour détecter des gisements de nickel et de cuivre. À quand les chiens chercheurs d'or ?

Les chiens détecteurs de drogue sont drogués

Non, s'ils l'étaient, ils perdraient leur flair et leur capacité de concentration, et seraient inefficaces. En plus, leur espérance de vie serait considérablement diminuée.

Mon chien a vomi un long ver blanc. Est-ce grave ?

Il s'agit certainement d'un ascaris. En effet, ce ver infeste plus de 70 % des chiots. La présence d'ascaris se traduit par une perte d'appétit, des troubles digestifs, une diminution des défenses immunitaires et un retard de croissance. C'est pour cela qu'il est indispensable de vermifuger les chiots dès leur plus jeune âge.

Bobbie : un flair a tout épreuve

Perdu dans l'Indiana, aux États-Unis, Bobbie, un croisé colley, a parcouru durant 6 mois près de 5 000 km d'est en ouest, traversé les montagnes Rocheuses, et franchi plusieurs fleuves pour rejoindre son maître dans l'Oregon.

Mon chiot vient juste d'avoir 2 mois. Puis-je lui faire faire ses premières vaccinations ?

Durant les premières semaines de sa vie, le chiot est protégé contre les maladies grâce au lait de sa maman. Puis cette protection va diminuer pour disparaître complètement vers l'âge de 6 semaines. Pour que ton chiot continue à être protégé, il doit alors être vacciné. Les premières vaccinations sont faites entre 6 et 8 semaines.

La vaccination : indispensable pour protéger ton chiot.

Le calendrier des vaccinations

	1re inj.	2e inj.
Maladie de Carré	2 mois	3 mois
Hépatite contagieuse	2 mois	3 mois
Parvovirose	2 mois	3 mois
Leptospirose	3 mois	4 mois
Rage	4 mois	

Le protocole de vaccination est établi par le vétérinaire. Il varie en fonction du type de vaccin et des risques infectieux.

Les principaux vers du chien

Les vers les plus fréquemment rencontrés chez le chien sont les ascaris et *Dipylidium caninum*. Les ascaris sont des vers ronds. Ils sont minces et effilés aux extrémités. Leur longueur est d'environ 10 centimètres. *Dipylidium caninum* est un ver plat. Il possède une tête et un corps composé de nombreux anneaux. Sa longueur varie de 20 à 80 cm.

Le calendrier de vermifugation

Les ascaris sont transmissibles à l'homme. La vermifugation est donc indispensable non seulement à la santé de ton chien, mais également à la tienne. Elle doit être effectuée dès l'âge de 2 semaines tous les mois jusqu'à 6 mois. Chez l'adulte, la fréquence des vermifugations varie de 1 à 4 fois par an en fonction des risques.

Éduquer son chiot

Ton chiot ne vit pas que d'amour et d'eau fraîche. Il a besoin d'un panier pour dormir, d'une laisse et d'un collier pour sortir, de jouets pour s'amuser… et d'un prénom pour la vie. Sans oublier l'essentiel : une bonne éducation.

Quel prénom lui donner ?

Le prénom sert de signal sonore pour capter l'attention de ton chien. Choisis-en un assez court pour qu'il sonne vite et bien. Si tu n'as pas d'idées, pense à sa personnalité ou à son aspect physique. Pour le lui apprendre rapidement, appelle-le lorsque tu lui donnes à manger.

Il ne faut pas laisser ton chien prendre ce type d'habitude. N'hésite pas à être ferme.

La lettre de l'année

Les animaux possédant un pedigree n'ont pas vraiment le choix ! Tous ceux qui sont nés la même année ont un prénom commençant par la même lettre, en suivant l'ordre alphabétique (sauf K, Q, W, X, Y et Z). En 2001, c'est le S, en 2002, le T, et ainsi de suite... Ils ont en plus un « nom de famille » ou affixe (marque de reconnaissance de l'élevage) comme par exemple « de la ferme aux Alouettes ».

Des règles strictes à respecter

Pour que ton chien s'intègre bien chez toi, il faut qu'il prenne son indépendance mais aussi qu'il se place en position de dominé face aux membres de ta famille. Installe son panier dans une pièce calme, isolée et facile à nettoyer. Donne-lui à manger après toi, hors du lieu de tes repas, sans le regarder. Laisse-lui sa gamelle environ 10 min puis retire-la jusqu'au prochain repas. Si ton chiot tourne autour de la table pendant les repas, ne lui donne rien à manger. N'abuse pas des caresses. Celles-ci doivent être distribuées uniquement à ton initiative et comme récompense.

J'hésite entre un panier en osier et un panier en plastique. Lequel choisir ?

Un panier en osier ne résistera pas longtemps à l'assaut de ses dents pointues. Et s'il avale des morceaux d'osier, il risque de graves troubles digestifs. Choisis donc un panier en plastique dur. En plus d'être résistant, il est facile à nettoyer.

Avec un coussin pour le confort, le panier en plastique est une bonne solution.

Quels jouets lui acheter ?

Les jouets permettent à ton chiot de se divertir en ton absence et de se faire les dents. Ne lui donne pas ceux de ton petit frère : il ne serait pas très content ! En plus, ils ne résisteraient pas longtemps aux dents aiguës de ton chiot... qui risquerait d'avaler de petites pièces. Évite aussi de lui donner une vieille pantoufle, car, par la suite, il risque de s'attaquer à une paire neuve. Procure-toi plutôt une balle ou d'autres jouets spécialisés.

Mon chiot de 3 mois pleure la nuit quand il est seul. Dois-je le laisser dormir avec moi ?

Si ton chiot ne supporte pas de dormir tout seul, tu peux installer son panier dans ta chambre à condition de lui interdire de monter dans ton lit. Quand il aura atteint l'âge de 4-5 mois, place son panier hors de ta chambre afin qu'il prenne son indépendance.

! Les dangers de la maison

Les chiots ont, comme les bébés humains, la fâcheuse habitude de tout mettre en bouche. Pour éviter les accidents, range hors de portée de ton compagnon produits d'entretien, médicaments, engrais et désherbants. Évite aussi de laisser traîner des fils électriques.

Mon chiot fait des dégâts en mon absence. Quand je rentre, il arrive, la queue entre les pattes, comme pour se faire pardonner. Que faire ?

Ton chien adopte une position de soumission, non pas pour se faire pardonner des dégâts qu'il a faits, mais pour calmer ta colère.
Si tu le grondes ou si tu lui mets le nez dans ses saletés, tu ne feras qu'aggraver la situation.

Très sensible, ton chiot n'aime pas que tu sois en colère.

Respecter les règles du jeu

Lorsque tu joues avec ton chien, en particulier à des jeux de traction, arrange-toi toujours pour gagner. Ainsi, tu renforceras ta position de dominant, et ton chien ne t'en voudra pas pour autant.

Savoir punir

La punition n'enseigne rien, son but est la suppression d'un comportement indésirable.
Pour être efficace, elle doit :

- être systématique ;
- être désagréable : le secouer par la peau du dos, lui donner une petite tape sur le museau, lui lancer de l'eau ou un objet bruyant (clochette)… ;

- être pratiquée en silence ou en prononçant juste « Non » ;
- être infligée moins d'une demi-seconde après le début d'un comportement répréhensible. Sinon, ton chien ne fera pas la relation entre la punition et le comportement que tu veux supprimer.

Il ne faut pas punir son chien avec sa main

Tu peux sans problème caresser et corriger ton chiot avec la même main. Si tu utilises un bâton ou un journal, tu risques de ne pas sentir ta force, et de lui faire très mal.

Je donne un sucre à mon chiot chaque fois qu'il m'obéit. Combien puis-je lui en donner par jour ?

Le sucre est une récompense très appréciée. Son inconvénient est qu'il fait grossir. Si tu ne veux pas rendre ton chien obèse, récompense-le plutôt par une caresse, des félicitations ou une parole douce.

La gourmandise est un vilain défaut !

Savoir récompenser

Pour être efficace, la récompense doit être donnée juste après le bon comportement. Au départ, pour apprendre à ton chiot un nouvel ordre, récompense-le systématiquement. Une fois qu'il l'aura appris, récompense-le 1 fois sur 3 ou 4 afin qu'il le mémorise.

Comment lui apprendre la propreté ?

Dès qu'il manifeste l'envie de faire ses besoins, en général au réveil et juste après ses repas, conduis-le dehors. Prononce à plusieurs reprises le mot retenu pour lui permettre de satisfaire ses besoins : « Pipi » par exemple, jusqu'à obtention du résultat. Dès qu'il l'a fait, félicite-le d'une voix douce, en le caressant. Si tu le surprends en train de se mettre en position, attrape-le doucement par la peau du cou en disant : « Non », et conduis-le à son coin « toilettes ». N'oublie pas de le féliciter lorsqu'il aura terminé.

Le chiot doit d'abord apprendre à faire sur du papier journal

Évite de lui faire faire ses besoins sur du papier journal. Malgré le papier, l'odeur des excréments va marquer le sol. Par la suite, même en l'absence de papier journal, ton chiot aura envie de faire ses besoins à chaque fois qu'il passera devant l'endroit de ses « toilettes ».

S'il s'oublie dans la maison, il faut lui mettre le nez dans ses excréments

Non : si toi, tu es dégoûté par les excréments, ton chiot prend plaisir à les renifler. Évite de nettoyer en sa présence car, en te voyant accroupi, il prendrait cela pour un jeu. Pour l'empêcher de refaire à la même place, masque l'odeur à l'aide d'une solution à base de vinaigre blanc, d'alcool ou au moyen d'un neutralisant d'odeurs. N'utilise jamais d'eau de Javel ou d'ammoniaque, dont l'odeur l'attire.

Pourquoi mon chiot mange-t-il ses crottes ?

Ce comportement résulte parfois d'une mauvaise éducation à la propreté. En effet, un chien sévèrement puni pour avoir fait ses besoins dans la maison peut manger ses excréments pour éviter la punition. Une alimentation trop riche peut également inciter un chiot à ce comportement. Dans tous les cas, il faut agir vite avant que cela ne devienne une habitude. Dépose sur les crottes de ton chien quelques gouttes de piment liquide, de menthol ou d'eucalyptus.

Mon chiot a 4 mois et il n'est pas encore propre. Est-il vraiment en retard ?

Même si tu as commencé à lui enseigner la propreté depuis l'âge de 8 semaines, il ne faut pas t'inquiéter s'il s'oublie encore de temps en temps. Seuls les chiots les plus doués sont propres à 4 mois.

Quand mon chien va-t-il commencer à lever la patte ?

C'est au moment de la puberté, aux alentours d'un an, que ton chien va commencer à lever la patte sur différents supports. C'est une façon de laisser sa carte d'identité à ses congénères. Au cours d'une promenade, un chien peut lever la patte plusieurs dizaines de fois ! Les chiennes lèvent aussi la patte, surtout au moment des chaleurs.

Comment enseigner le rappel ?

Tu peux commencer l'apprentissage du rappel vers 3-4 mois. Emmène ton chiot dans un endroit clos où rien ne le distrait. Laisse-le s'éloigner de toi. Accroupis-toi les bras écartés, et appelle-le d'une voix douce en tapotant sur tes cuisses. Surtout, ne t'énerve pas, et ne cours pas après lui. Quel que soit le temps qu'il met pour revenir, récompense-le. Une fois l'exercice terminé, laisse-le jouer un peu avant de lui remettre sa laisse.

Mon chiot tire toujours sur la laisse quand je le promène. Comment lui apprendre à ne plus le faire ?

Pour cela, il te faut une laisse d'environ 1 mètre de longueur, assez solide pour qu'il ne puisse pas la sectionner avec ses dents, et un collier coulissant dit « étrangleur ». Tu peux faire marcher ton chien à ta droite ou à ta gauche. L'essentiel est que le collier coulisse correctement. S'il tire sur la laisse en avant ou en arrière, rappelle-le à l'ordre en disant « Au pied » tout en tirant d'un coup sec sur sa laisse. Dès qu'il revient à sa place, félicite-le et relâche la laisse. Pour ne pas lasser ton chiot, l'exercice ne doit pas dépasser 15 min. Quelques séances suffisent en général pour qu'un chiot assimile la marche en laisse.

Plus j'appelle mon chiot, plus il s'éloigne. Est-il sourd ?

La surdité est rarement la principale cause de l'absence de rappel. Il se peut que ton chien soit trop loin pour entendre ta voix, occupé à autre chose ou qu'il te sente énervé.

La muselière est-elle obligatoire dans la rue ?

Une loi impose la muselière à certains types de chiens. Si ton chiot fait partie de la liste des chiens dits « dangereux », apprends-lui à porter la muselière dès son plus jeune âge.

J'ai déjà un chat à la maison. Comment faire pour qu'il s'entende avec mon chiot ?

Un chat, surtout s'il est déjà âgé, a parfois du mal à tolérer la présence d'un nouveau venu. Empêche ton chiot de perturber ses habitudes. Lors de leur première rencontre, sois prêt à les séparer au cas où ils se chamailleraient. En général, ton chat finit, au bout de quelques jours, par accepter ce nouveau compagnon.

Comment enseigner « assis », « couché » et « pas bouger » ?

Assis : appuie-lui sur l'arrière-train en disant : « Assis ».

Couché ou *down* : une fois assis, amène-le doucement en position couchée en tirant sur ses pattes antérieures et en appuyant sur sa nuque avec la main, en disant : « Couché ».

Pas bouger : une fois assis ou couché, éloigne-toi de lui en disant : « Pas bouger », en tenant la paume de la main dressée face à lui.

Morsures : les enfants en premier

Les enfants sont les premières victimes des morsures de chien. Les plus jeunes sont mordus au visage, les plus âgés aux bras et aux jambes. L'animal responsable appartient souvent au cercle familial.

Conseils pour éviter les morsures

Ne t'approche jamais d'un chien inconnu et ne le regarde pas droit dans les yeux.

Ne réveille pas un chien qui dort.

Ne dérange pas un chien qui mange ou une femelle qui soigne ses petits.

Ne te laisse pas mordiller, même lors de jeux.

Ne fais jamais de bisous à un chien.

Ne poursuis pas un chien qui se réfugie sous une armoire.

Manipule toujours ton chien avec douceur, évite les cris et les gestes brusques.

N'essaye pas de prendre un objet dans sa gueule.

N'interviens pas pour séparer deux chiens qui se battent.

Si ton chien grogne régulièrement contre toi, n'hésite pas à consulter un vétérinaire.

Un chien qui a mordu s'excuse-t-il en posant sa patte ou sa tête sur les genoux de la personne qu'il vient de mordre ?

Non, ce comportement n'est en aucun cas une demande de pardon. Elle correspond à une phase d'apaisement du vainqueur (le chien) envers le vaincu (la personne mordue). Si tu l'acceptes, en le caressant, tu ne fais que renforcer son comportement de dominance.

Mon chien est agressif. Est-ce que la castration va le calmer ?

La castration n'est en aucun cas la panacée. Le traitement dépend de l'origine du comportement agressif. Il fait souvent appel à une rééducation, associée ou non à un traitement médical.

Les différents types d'agressions

Agression de prédation : elle correspond à la phase finale du comportement de chasse. Une petite proie (poule) est d'abord assommée puis secouée jusqu'à ce que mort s'ensuive.

Agression hiérarchique : elle dépend du statut hiérarchique du chien. Elle survient dans les situations où les prérogatives de dominant du chien sont remises en question. Ex. : forcer un chien dominant à descendre du fauteuil.

Agression par irritation : elle fait suite à une douleur, à une privation (faim, soif) ou à une frustration.

Agression maternelle : elle est déclenchée par la présence de chiots ou de « substituts » de chiots (peluches, jouets) lors de grossesses nerveuses.

Agression territoriale : elle est provoquée par l'intrusion d'une personne ou d'un animal sur le territoire du chien. Le facteur en est souvent victime.

Agression par peur : elle intervient lorsque le chien est dans une situation critique et ne peut s'enfuir (chien réfugié sous un meuble, que l'on cherche à attraper). Elle peut s'accompagner de mictions ou de défécations. L'attaque est directe et imprévisible.

Liste des chiens dits dangereux

Les chiens susceptibles d'être dangereux sont répartis en 2 catégories : les chiens d'attaque (1re catégorie) et les chiens de garde et de défense (2e catégorie).
La 1re catégorie comprend les chiens non inscrits à un livre généalogique et assimilables par leurs caractéristiques morphologiques aux chiens de race staffordshire-terrier et american staffordshire-terrier (communément appelés pit-bulls), mastiff (communément appelés boerbulls) et tosa.
La 2e catégorie comprend les chiens de race, c'est-à-dire inscrits au LOF ou à un autre livre généalogique reconnu, staffordshire-terrier, american staffordshire-terrier, rottweiler, tosa, et les chiens assimilables par leurs caractéristiques morphologiques aux chiens de race rottweiler, sans être inscrits à un livre généalogique reconnu.

Chapitre 2

Le chien adulte

Il faut aider ton chiot devenu un beau chien vigoureux à garder le plus longtemps possible son dynamisme et son énergie. Tu devras donc surveiller son alimentation, être attentif à sa santé, l'assister en toutes circonstances.

Tatouage et pedigree

Vos papiers, s'il vous plaît ! Tout comme toi, ton chien doit posséder des preuves de son identité. Et s'il a un pedigree, tu sauras tout sur sa généalogie…

Tatouage, pedigree, qu'est-ce que cela veut dire ?

Le tatouage, réalisé dans l'oreille ou sur la cuisse, est obligatoire. Il sert à identifier le chien et son propriétaire. C'est une « assurance-sécurité » pour ton chien (le tatouage peut décourager le vol et aider à retrouver les égarés) et une manière de rendre le propriétaire plus responsable (on le retrouvera si son animal a fait une bêtise…). Le pedigree est l'apanage des chiens de race. Il permet de participer aux différentes épreuves (concours de beauté, de travail) organisées par la Société centrale canine.

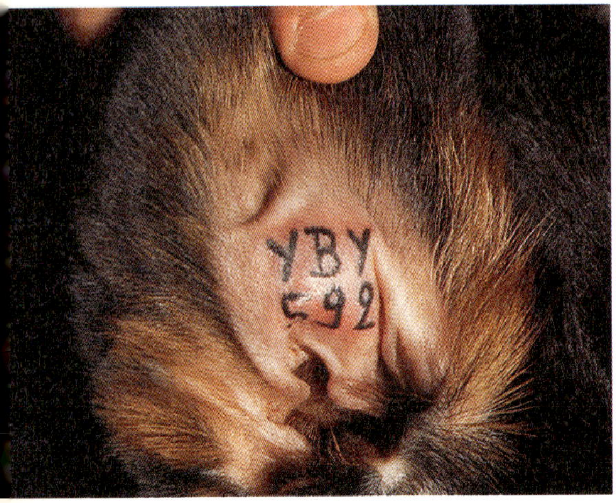

Un tatouage réussi est parfaitement lisible.

Je viens de changer d'adresse. Comment faire pour avertir le fichier gérant les cartes de tatouage ?

C'est la Société centrale canine qui gère le Fichier national canin. Pour l'avertir, renvoie ta carte de tatouage à la SCC en indiquant ta nouvelle adresse. Tu recevras rapidement une nouvelle carte.

À savoir

La fourrière est un service de la commune qui prend en charge les animaux trouvés sur la voie publique. La Société protectrice des animaux, elle, est une association de particuliers. Mais dans certaines villes, elle peut être chargée de jouer le rôle de fourrière.

Mon chien s'est sauvé. Comment le retrouver ?

Informe immédiatement, s'il est tatoué, le fichier chargé de gérer les numéros de tatouage. Fichier canin, tél. : 01 49 37 54 54. Fais une déclaration de perte au commissariat afin de faciliter la récupération de ton chien à la fourrière. Va voir les commerçants et demande-leur d'afficher un avis de recherche. Décris ton chien très précisément : nom, numéro de tatouage, race, mensurations, âge, couleur, sexe, etc. Joins-y une photo. Avertis les journaux locaux pour qu'ils diffusent l'information.

Une puce électronique au service du chien

Le tatouage est un excellent moyen d'identifier un chien. Mais, avec le temps, il peut s'effacer. Pour rendre l'identification infaillible, une puce électronique contenant un code lisible à distance a été mise au point. Pas plus grosse qu'une pointe de crayon, elle est injectée sous la peau avec une grosse seringue.

Lorsque j'ai acheté mon chiot, l'éleveur m'a donné son certificat de naissance. Comment obtenir son pedigree définitif ?

Le certificat de naissance, appelé également pedigree provisoire, prouve que ses parents possèdent un pedigree définitif et sont inscrits au Livre des origines français (LOF). Pour que ton chiot soit inscrit, comme ses parents, définitivement au LOF, il doit passer un examen appelé confirmation. Au cours de cet examen, un juge vérifie que le chien est conforme au standard de la race.

Aucun détail n'échappe à l'œil expert du juge.

La première exposition canine

La première exposition canine eut lieu à Newcastle (Grande-Bretagne) en 1859.

Qu'est-ce que le standard de la race ?

Pour chaque race, des experts ont établi un modèle, appelé standard, soumis à l'approbation de la Fédération cynologique internationale (FCI), pour aider les éleveurs dans leur travail de sélection. Il décrit de façon précise et détaillée les caractères spécifiques d'une race : apparence générale, mensurations, forme et proportion de la tête et des oreilles, allure de la queue, couleur des yeux et de la robe, aspect du pelage, caractère… Il donne aussi la liste des défauts à éviter.

L'examen de confirmation

Aucun chiot ne peut être présenté à la confirmation avant 10 mois (15 mois pour les grandes races : rottweiler, dogue allemand, terre-neuve…). Si le chiot est jugé apte, il reçoit alors son pedigree définitif. Plus de 90 % des chiots présentés sont reçus à cet examen.

Comment connaître les lieux et les dates des séances de confirmation ?

Contacte le club de race. Si tu ne connais pas son adresse, renseigne-toi auprès de la Société centrale canine (tél. : 01 49 37 54 40). Des séances de confirmation sont généralement organisées durant les exposition canines.

Il faut être un peu cabotin pour prendre ainsi la pose.

Quels renseignements donne le pedigree ?

Le pedigree comporte les caractéristiques morphologiques du chien, son numéro de tatouage, son numéro d'inscription au LOF et sa généalogie sur 3 générations. Sous le nom de chacun des parents figurent les titres de champion obtenus.

Longchamp : le rendez-vous des amateurs de chiens

Chaque année, au mois de juin, sur l'hippodrome de Longchamp, se tient l'une des plus belles manifestations canines. Plus de 6 500 chiens venant de France et d'ailleurs sont inscrits et concourent sur 3 jours.

L'alimentation

Un chien bien nourri n'est pas un chien trop nourri ! Si tu veux que ton compagnon t'accompagne dans toutes tes sorties sans tirer la langue, son alimentation devra être équilibrée, adaptée à sa taille et à ses activités. Une fois que ton chien est devenu adulte, son poids doit rester stable. Pèse-le régulièrement pour vérifier. S'il grossit, diminue légèrement sa ration, et augmente-la s'il maigrit.

De quoi se compose une bonne gamelle ?

Pour un chien adulte, la ration type se compose d'un tiers de viande, d'un tiers de riz cuit et d'un tiers de légumes.

Avec de la viande rouge, le chien voit rouge !

La viande est la principale source de protéines de ton chien. Qu'elle soit rouge ou blanche, crue ou cuite n'a aucune influence sur son comportement ! Si tu lui sers de la viande à griller (bifteck), sers-la crue ou légèrement cuite, par contre s'il s'agit de viande à bouillir (bourguignon), fais-la cuire longtemps pour la rendre plus digeste.

Une gamelle adaptée à la taille du chien.

Mon chien est nourri avec des croquettes. Il ne mange pas la quantité recommandée pour son poids. Dois-je m'inquiéter ?

La quantité à distribuer est calculée pour un chien ayant une activité physique normale. Si ton chien ne se remue pas beaucoup, il est normal qu'il consomme moins que ce qui est recommandé par le fabricant. Inversement, s'il vit dehors toute l'année, sa consommation sera largement supérieure.

Comment peser un chien ?

Sauf si ton chien tient tout seul sur le plateau de la balance, prends-le dans tes bras et monte dessus. Pèse-toi seul ensuite. Tu n'auras plus qu'à faire la différence pour connaître son poids. Simple, non ?

Comment savoir si mon chien est trop gros ?

Un animal est obèse quand son poids est supérieur de plus de 20 % à son « poids idéal ». Pour un bâtard, tu peux apprécier son état d'embonpoint en passant ta main au niveau de ses côtes : une couche de graisse de plus de 5 mm d'épaisseur indique un début d'obésité.

L'obésité : le mal du siècle

Nos animaux de compagnie seraient-ils aussi victimes de la société de consommation ? Environ un tiers des chiens seraient trop gros ou carrément obèses. Certaines races sont prédisposées à l'obésité. C'est le cas du labrador, du colley, du teckel à poil long, du cocker, du scottish terrier... À l'inverse, le greyhound, le berger allemand, le whippet, le boxer et le fox-terrier sont moins exposés.

Le chien mange de l'herbe pour se vermifuger

L'herbe n'a aucun effet sur les vers de ton chien. En fait, les raisons exactes de ce comportement sont mal connues. Ne t'inquiète pas, sauf si ce comportement est associé à une perte d'appétit, à de la diarrhée ou à des vomissements.

Les principales causes d'obésité

Les principales causes d'obésité sont la suralimentation et le manque d'exercice. La stérilisation augmente également ce risque. Enfin, certaines maladies hormonales peuvent entraîner une surcharge pondérale. C'est pourquoi, avant de mettre ton chien au régime, consulte un vétérinaire.

Attention aux petits extras entre les repas

Les conséquences du grignotage sont d'autant plus importantes que ton chien est de petite taille.

Comment éviter que mon chien devienne obèse ?

Pour garder à ton compagnon une allure svelte, fais-lui faire de l'exercice, pèse-le régulièrement afin d'ajuster au mieux sa ration alimentaire, ne lui donne pas tes restes et évite les friandises. Deux sucres par jour en plus de sa ration habituelle lui feront prendre 500 g en 100 jours !

Poids idéal de différentes races de chiens adultes

Beagle	10-18 kg
Berger des Pyrénées	8-15 kg
Bichon frisé	3-4 kg
Bouvier bernois	35-40 kg
Boxer	25-32 kg
Braque allemand	25-30 kg
Cairn-terrier	5-7 kg
Caniche moyen	6-7 kg
Cavalier king-charles	5-8 kg
Cocker spaniel	12-14,5 kg
Colley	23-34 kg
Dalmatien	23-27 kg
Dogue allemand	50-70 kg
Épagneul breton	13-16 kg
Fox-terrier	7-9 kg
Golden retriever	25-32 kg
Griffon bruxellois	2,5-5 kg
Labrador retriever	25-30 kg
Montagne des Pyrénées	45-70 kg
Pékinois	3-6 kg
Rottweiler	40-56 kg
Saint-bernard	55-80 kg
Schnauzer moyen	16-20 kg
Scottish terrier	8-10 kg
Shih-tzu	4,5-8 kg
Siberian husky	15-27 kg
Teckel nain	3-4 kg
Terre-neuve	50-70 kg
Yorkshire-terrier	1-3 kg

Les conséquences de l'obésité

L'obésité est responsable de nombreux maux. Elle diminue la résistance aux infections, augmente entre autres les risques de maladies cardio-vasculaires, d'arthrose et de diabète, et réduit l'espérance de vie.

L'hygiène du chien

Ton chien a un beau poil, propre et brillant, et des dents bien blanches ? C'est la preuve qu'il est en bonne santé… et que tu t'en occupes comme il faut !

Mon chien s'est roulé dans la boue. Avec quel shampooing puis-je le laver ?

La peau du chien est plus fine et moins acide que la tienne. N'utilise pas ton shampooing et surtout pas un liquide vaisselle. Procure-toi un shampooing à usage vétérinaire. Si ton chien souffre d'une affection de la peau (peau grasse, parasitisme...), le vétérinaire te prescrira un shampooing traitant.

À partir de quel âge puis-je baigner mon chien ?

Si la propreté l'exige, tu peux lui donner son premier bain à partir de 3 mois. Veille à ce qu'il ne prenne pas froid, et surtout qu'il y prenne plaisir.

Les shampooings pour bébés sont parfaits pour laver un chien

Non, car même si tu lis sur l'étiquette « shampooing doux pour bébés », ils sont trop acides pour la peau de ton chien.

Est-ce que je dois laver mon chien souvent ?

Si ton chien a le poil long et vit en ville, tu peux le laver tous les mois. En revanche, s'il a le poil court et vit à la campagne, 1 ou 2 bains par an suffisent. Des bains trop rapprochés éliminent les graisses naturelles du pelage et donnent au poil un aspect sec et cassant.

Comment laver un chien ?

Utilise une baignoire ou une grande bassine. N'oublie pas de le brosser et de démêler les nœuds avant de le mouiller. Pour protéger ses oreilles, places-y 2 grosses boules de coton. Utilise de l'eau tiède (environ 30 °C). Pour ne pas l'effrayer, règle le jet de la douche à une puissance moyenne. Si tu utilises un tuyau d'arrosage, casse la puissance du jet avec ta main. Mouille bien le poil, applique le shampooing, frotte, puis rince soigneusement. Enfin, sèche ton chien à la serviette, puis au séchoir si sa fourrure est épaisse.Garde-le à l'intérieur tant qu'il n'est pas sec.

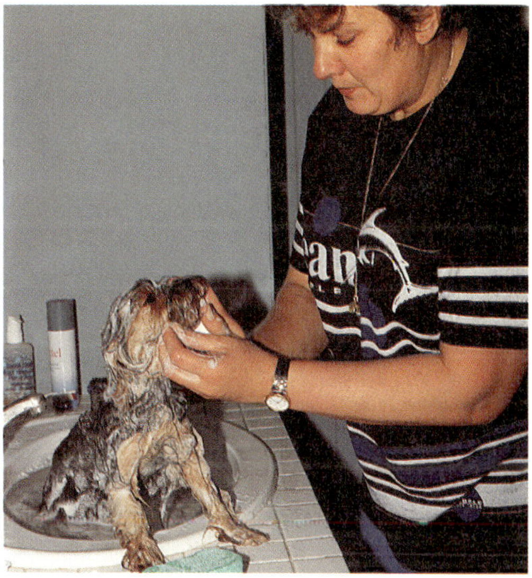

Un lavabo suffit pour laver un petit chien.

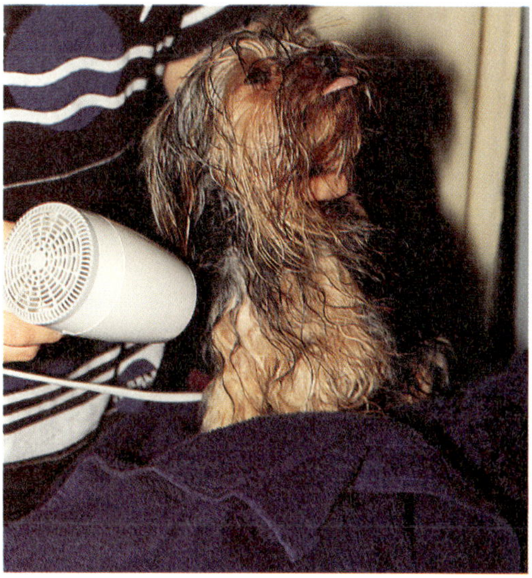

Règle bien ton séchoir pour ne pas le brûler.

Peaux de l'homme et du chien : les différences

	Chien	Homme
PH cutané	Neutre (7-7,5)	Acide (5-5,5)
Nombre de couches	3-5 couches	10-15 couches
Pousse des poils	Cyclique	Continue
Transpiration	Coussinets plantaires	Sur tout le corps

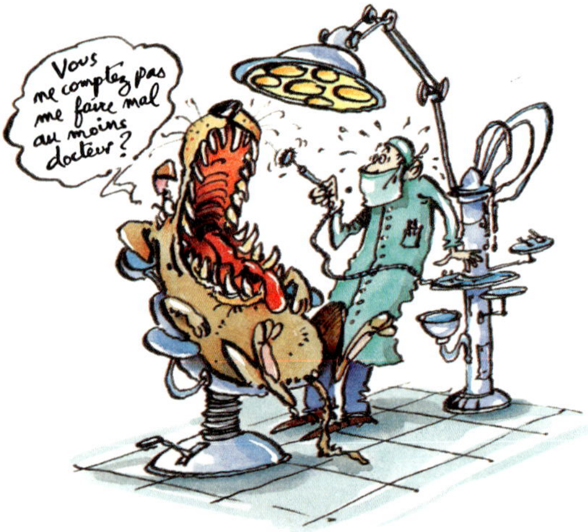

On m'a dit qu'il fallait brosser les dents de mon chien. Est-ce vrai ?

Oui, car c'est le seul moyen d'éviter le dépôt de tartre sur ses dents. Le tartre est facilement reconnaissable à sa couleur brune. Sa présence favorise la mauvaise haleine, l'infection des gencives et le déchaussement des dents.

Comment brosser les dents d'un chien ?

Pour que ton chien accepte de se laisser brosser les dents, il faut l'y habituer dès son plus jeune âge. Installe-le confortablement sur tes genoux. Soulève-lui délicatement la lèvre pour dégager ses dents. Brosse-les avec douceur de la gencive vers l'extrémité de la dent. Effectue ce brossage au minimum 3 fois par semaine. N'emploie pas ta vieille brosse à dents ni ton dentifrice, mais procure-toi une brosse et un dentifrice spéciaux.

Mon chien refuse de se laisser brosser les dents. Que faire pour qu'il garde de belles dents ?

Évite de lui donner des sucreries, et nourris-le plutôt avec des croquettes qu'avec des boîtes. Donne-lui de temps en temps des lamelles à mâcher ou des comprimés pour nettoyer les dents. Enfin, si, malgré cela, ses dents se recouvrent de tartre, conduis-le chez un vétérinaire pour un détartrage.

Mon chien de 15 mois a encore ses dents de lait. Vont-elles tomber ?

Jusqu'à l'âge de 6 mois environ, le chiot possède une denture mixte : dents de lait et dents définitives. Au-delà de 7 mois, les dents de lait qui restent ont peu de chance de tomber toutes seules. La persistance de ces dents est fréquente chez les chiots de petites races (yorkshire, caniche, bichon...). Il faut les extraire pour permettre le bon développement des dents remplaçantes.

Des produits adaptés à l'hygiène bucco-dentaire du chien.

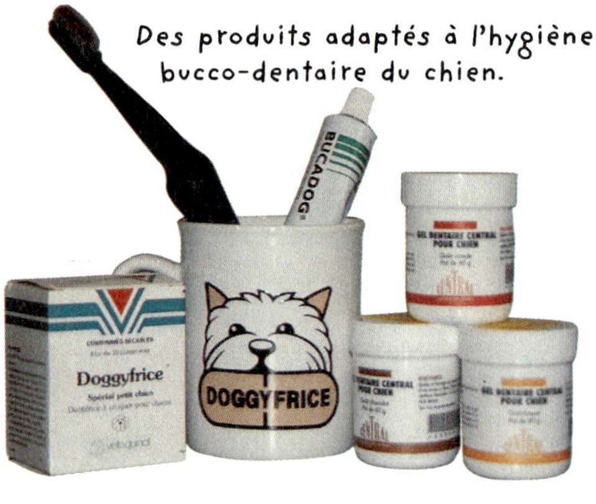

La santé du chien

Prévenir vaut mieux que guérir ! Grâce aux vaccins et aux différents traitements contre les parasites, tu garderas ton chien longtemps en bonne santé.

? Mon chien a été vacciné quand il était petit. Quand dois-je faire faire des rappels ?

La vaccination d'un chiot lui assure une protection, limitée dans le temps, contre des maladies souvent mortelles. Pour qu'il continue à être protégé, il faut faire faire régulièrement des rappels. Pour ne pas oublier la date, demande à ton vétérinaire de t'envoyer un courrier.

Le calendrier des vaccinations du chien adulte

Maladie	Périodicité
Rage	Tous les ans
Leptospirose	Tous les ans
Maladie de Carré	Tous les ans ou tous les 2 ans
Hépatite contagieuse	Tous les ans ou tous les 2 ans
Parvovirose	Tous les ans ou tous les 2 ans

Ceci est indicatif : le vétérinaire établira son protocole en fonction du vaccin et du risque infectieux.

! Une hygiène indispensable

Il est important de faire soigner ton chien, autant pour son bien-être… que pour le tien. Car certaines de ses maladies sont transmissibles à l'homme.
Voici quelques précautions simples pour ne pas les attraper :

- fais-le vacciner et vermifuge-le régulièrement ;
- protège-le toute l'année contre les parasites (puces, tiques…) ;
- s'il est malade, consulte rapidement un vétérinaire ;
- ne le laisse pas se promener sans surveillance ;
- lave-toi toujours les mains après avoir joué avec lui ;
- ne l'embrasse pas et ne le laisse pas dormir dans ton lit ;
- évite de jouer dans les bacs à sable où les chiens peuvent faire leurs besoins ;
- en cas de morsure ou griffure, nettoie la plaie avec du savon, rince abondamment puis applique un antiseptique. Si la plaie est importante, consulte un médecin. Présente également l'animal responsable à un vétérinaire.

Les maladies infectieuses du chien

La rage

C'est une maladie virale mortelle attaquant le système nerveux. La transmission à l'homme se fait à la suite d'une morsure, d'une griffure ou du léchage d'une plaie par un animal enragé (renard, chien, chat...). La vaccination est obligatoire dans le département de la Moselle.

Pasteur et la rage

C'est en 1885 que le chimiste et biologiste français Louis Pasteur (1822-1895) réalisa avec succès la première vaccination d'un homme mordu par un animal enragé.

Maladie de Carré

C'est une maladie virale très contagieuse. Au départ, l'animal présente de la fièvre (40 °C), son nez coule et ses yeux sont rouges. La maladie évolue ensuite sous différentes formes : pulmonaire, digestive ou nerveuse. Si l'animal guérit, il garde souvent des séquelles.

Hépatite contagieuse

Cette maladie virale provoque de la fièvre, des troubles digestifs et oculaires.

La leptospirose

Cette maladie résulte de la multiplication dans le sang de germes présents dans l'eau croupie et dans l'urine de rongeurs. Elle évolue sous différentes formes : gastro-entérite hémorragique, jaunisse ou insuffisance rénale.

La parvovirose

Cette maladie virale se traduit par une diarrhée hémorragique et des vomissements. Elle est très contagieuse. La contamination se fait par contact avec un chien malade ou par l'intermédiaire de ses selles.

Pourquoi mon chien se traîne-t-il le derrière par terre ?

Ce comportement est fréquent chez les chiens parasités par un petit ver plat : *Dipylidium caninum*. Les capsules remplies d'œufs produites par ce ver irritent l'anus. En se frottant le derrière par terre, ton chien essaie de calmer ses démangeaisons. Pour le soulager, le vétérinaire videra ses glandes anales et prescrira un vermifuge.

Mon chien perd ses poils. Est-ce normal ?

Tout dépend de la période. Au printemps et à l'entrée de l'hiver, la chute des poils, également appelée mue, est naturelle. La mue de printemps est la plus importante. Ton chien perd son épaisse toison d'hiver. En dehors de ces périodes de mue, il peut perdre ses poils pour différentes raisons : présence de parasites, maladie de peau, carence en vitamines, appartement surchauffé, trouble hormonal...

Mon chien se gratte. A-t-il des puces ?

Peigne-le avec un peigne très fin afin de récupérer les puces qui courent dans son pelage. Si tu n'en trouves pas, essaye de découvrir leurs crottes. Elles ont la forme de minuscules virgules ou de spirales brunes. Si tu doutes, prends-en quelques-unes, dépose-les sur une feuille blanche et verse dessus un peu d'eau. Si elles se dissolvent et colorent le papier en rouge, il s'agit bien d'excréments de puces. (Lave-toi les mains après !)

Mon chien n'a pas de vers dans ses selles. Est-ce vraiment utile de le vermifuger ?

Oui, car la plupart des œufs éliminés par les vers adultes présents dans le tube digestif ne sont pas visibles à l'œil nu. Il est donc impossible, à moins de faire une analyse des selles, d'être sûr que ton chien n'a pas de vers.

Portrait d'une puce

La puce est un petit insecte brun, au corps comprimé latéralement, qui se nourrit en suçant le sang des animaux qu'elle parasite. Elle ne vole pas, mais possède des pattes postérieures très puissantes qui lui permettent de sauter.

Cirques de puces

Jusqu'au début du XXe siècle, les cirques de puces étaient des attractions fréquentes dans les fêtes foraines. Les badauds regardaient les puces à travers de grandes loupes. On pouvait voir des puces danser au son de la musique ou tirer toutes sortes d'objets miniatures (voiture, carrosse...).

Comment lutter contre les puces ?

Si la puce adulte vit sur son hôte, les formes immatures (œufs, larves, cocons) vivent dans le milieu extérieur (lieu de couchage, tapis, moquette, parquet...). Pour éliminer les puces, il faut donc les tuer non seulement sur le chien, mais aussi dans son environnement. Pour éviter que ton chien ne ramène des puces chez toi, protège-le toute l'année avec un produit insecticide.

La puce : une athlète de haut niveau

Grâce à ses pattes postérieures extrêmement puissantes, la puce est capable de faire des bonds de plus de 30 cm, soit plus de 150 fois sa taille (2 mm).

Les puces de mon chien peuvent-elles me piquer ?

En l'absence de chien, la puce peut venir se nourrir sur l'homme. Les piqûres de puces provoquent des petits boutons et des démangeaisons. Encore une bonne raison pour ne pas faire dormir ton chien dans ton lit !

Mon chien est revenu de promenade avec une tique. Comment l'extraire ?

Il faut débarrasser ton chien de cette tique avant qu'elle ne lui transmette des maladies. Imbibe-la d'éther, puis saisis-la le plus près possible de la peau à l'aide d'une pince à épiler, et tire dessus délicatement. Une fois extraite, désinfecte la peau à l'aide d'un antiseptique. Il existe également un petit crochet très ingénieux, qui permet de « dévisser » la tique en douceur. Pour éviter que ton chien n'attrape des tiques, protège-le à l'aide d'un produit antiparasitaire.

Existe-t-il une vaccination contre la babésiose ?

Oui, elle se fait en 2 injections à 3 semaines-1 mois d'intervalle. Elle peut être effectuée dès l'âge de 5 mois. Son efficacité est d'environ 95 %. Les rappels ont lieu tous les ans.

Portrait d'une tique

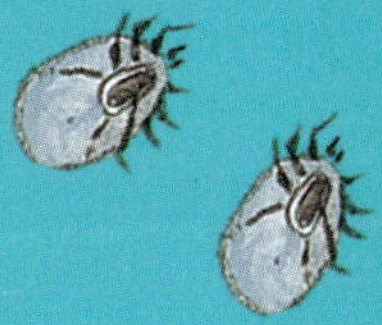

La tique est un acarien qui se nourrit du sang de son hôte. De couleur marron, elle mesure de 3 à 15 mm quand elle est repue et possède 4 paires de pattes. Parasite temporaire, elle passe la plus grande partie de son temps dans le milieu extérieur.

Quels sont les risques encourus par le chien victime des tiques ?

Les tiques peuvent transmettre une très grande variété de maladies. La plus fréquente est la babésiose, appelée également piroplasmose. Si quelques jours après avoir retiré des tiques à ton chien, tu constates qu'il n'est plus en forme, consulte rapidement un vétérinaire.

Y a-t-il des régions en France où la babésiose est plus fréquente ?

Dans le Sud-Ouest, une partie du Val de Loire et le Centre. Le Nord, la Normandie, l'Est et le Sud-Est sont beaucoup moins touchés. Le printemps et surtout l'automne sont des saisons propices aux piqûres de tiques.

Les urgences

Ton chien ne va pas bien, et tu ne sais pas si c'est grave ou pas… N'hésite pas à consulter un vétérinaire. Une maladie vite soignée est une maladie vite guérie. Diarrhées, vomissements, blessures ? Si tu es inquiet, appelle le vétérinaire qui pourra aussi te donner un simple conseil par téléphone…

Mon chien a de la diarrhée. Que dois-je lui donner à manger ?

Ne lui donne que de l'eau fraîche pendant 24 h. Ensuite, mets-le au régime strict (riz très cuit et viande blanche) jusqu'à ce que ses selles redeviennent normales. Sers-lui sa ration en 3 petits repas journaliers. Donne-lui à boire souvent, et en petites quantités. Si ton chien se met à vomir ou si sa diarrhée s'aggrave, consulte un vétérinaire.

Mon chien vient d'avaler un produit toxique. Que faire ?

Récupère l'emballage du produit toxique pour le montrer au vétérinaire. S'il s'agit d'un produit non corrosif et que l'absorption est récente (moins de 3 heures), fais-le vomir en lui donnant à boire de l'eau chaude très salée. Conduis-le de toute urgence chez le vétérinaire.

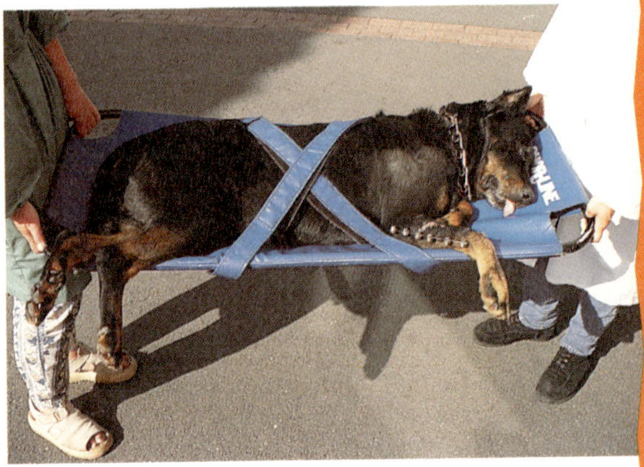

Grands moyens pour ce chien accidenté. Avec beaucoup de soins, il se remettra.

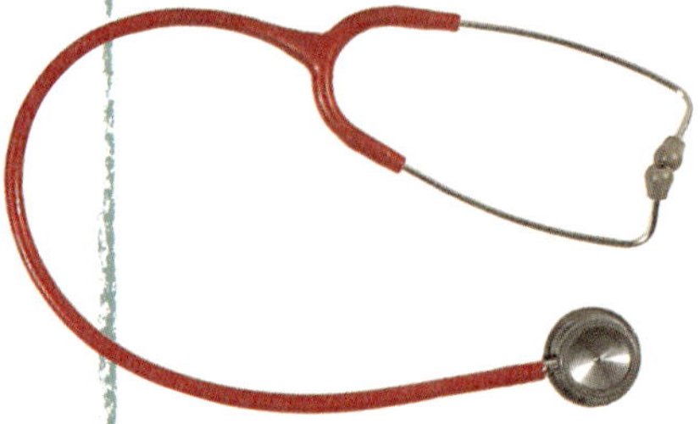

Le lait est un antidote universel

Non, au contraire : les matières grasses qu'il contient facilitent l'absorption intestinale de certains toxiques.

Mon chien s'est fait une petite blessure. Comment le soigner ?

Dégage les poils autour de la plaie à l'aide de ciseaux courbes à bouts ronds. Nettoie-la à l'aide d'un savon antiseptique ou, si tu n'en as pas, de savon de Marseille. Surtout pas d'alcool qui pique. Sèche-la à l'aide d'une compresse, puis applique une solution antiseptique.

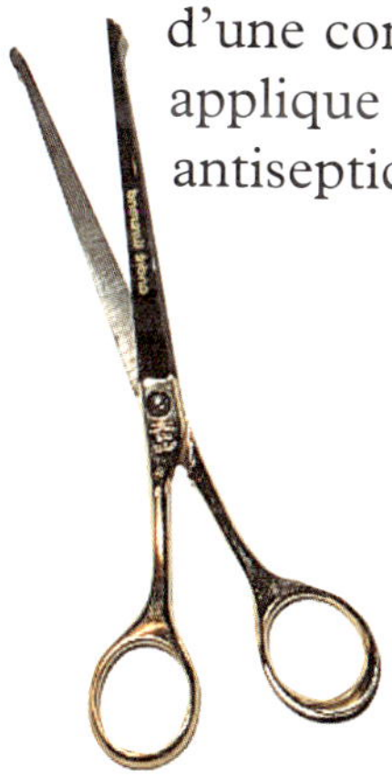

Quelle est la température normale d'un chien ?

Elle est comprise entre 38 °C et 39 °C. Une température élevée peut être le signe d'une infection ou le résultat… d'un effort physique. Il est donc important de la mesurer sur l'animal au repos. Une température basse indique un mauvais état général.

Un chien qui a la fièvre a le museau chaud

Non, pas toujours. En revanche, manque d'appétit, baisse d'entrain, fatigue sont fréquemment rencontrés chez un animal fiévreux.

Le coup de chaleur

C'est l'accident classique du chien resté dans une voiture en plein soleil. Le traitement d'urgence consiste à le mettre à l'ombre et à l'asperger d'eau. S'il a perdu connaissance, porte-le en urgence dans une clinique vétérinaire.

Depuis qu'il est revenu de promenade, mon chien n'arrête pas de secouer la tête.

Si tu es allé te promener dans de hautes herbes, il y a fort à parier que ton chien a un épillet (petit épi) dans l'oreille. Les races à poil long et à oreilles tombantes sont plus exposées. Le vétérinaire l'extraira avec une longue pince.

Le chien se soigne lui-même en se léchant

Au départ, le léchage assure un certain nettoyage de la plaie, mais ensuite il empêche la cicatrisation. Protège la plaie avec un pansement de type Elastoplaste. Si nécessaire, procure-toi une collerette.

Mon chien boite. Comment savoir si sa patte est cassée ?

Un chien qui a une patte cassée est incapable de prendre appui dessus. Seule une radiographie permet un diagnostic sûr.

Les vacances

Les vacances, ça se prépare ! Réfléchis à l'avance à ce que tu feras de ton toutou. Qu'il reste en pension ou qu'il soit du voyage, il faut un minimum d'organisation pour que tout se passe bien.

Chiens admis ?

Mer ou campagne, France ou étranger, camping ou maison de famille… ? Dès que le choix de votre destination est fait, renseigne-toi pour savoir si les chiens sont admis. Si ce n'est pas le cas, il faudra confier ton chien à de la famille, ou trouver une place dans un chenil. Il existe aussi des « dog-sitters » qui viennent s'occuper de ton chien. Si tu pars en vacances avec lui, pense à emmener ses papiers.

Quels sont les papiers indispensables pour partir en vacances ?

Le certificat de vaccination antirabique est obligatoire en France, dans les campings, les centres de vacances et dans le département de la Moselle.

Ne laisse jamais ton chien dans une voiture fermée.

Où placer le chien dans la voiture ?

Ne le laisse jamais circuler librement dans la voiture. En cas d'accident ou de freinage d'urgence, il pourrait être propulsé violemment contre l'habitacle ou un occupant de la voiture. Dans un break, place-le dans le coffre, isolé des passagers par une grille ou un filet de sécurité. Dans une voiture classique, attache un filet entre les sièges avant et la banquette arrière. Il existe également des harnais de sécurité spécialement conçus pour les animaux.

Tous les chiens savent nager

Instinctivement, tous les chiens savent maintenir la tête hors de l'eau. Toutefois, si un terre-neuve entraîné peut nager plusieurs heures, ce n'est pas le cas de certaines races aux pattes courtes, genre teckel ou bouledogue.

Mon chien ne supporte pas la voiture. Que faire pour qu'il ne soit pas malade ?

Fais-toi prescrire un antivomitif à administrer 1/2 heure avant de démarrer. Si le trajet ne dure pas trop longtemps, ne lui donne rien à manger avant le départ.

Napoléon sauvé par un terre-neuve

On raconte que Napoléon Bonaparte, qui tentait de quitter l'île d'Elbe à bord d'une chaloupe, tomba à l'eau. Mauvais nageur, il se serait noyé si le terre-neuve d'un marin ne s'était porté à son secours.

Les chiens n'attrapent pas de coups de soleil

Certaines races à la peau nue comme le chien nu du Mexique peuvent en attraper sur tout le corps. Pour eux, l'exposition prolongée au soleil est déconseillée.

Je pars à la campagne. Y a-t-il des risques pour mon chien ?

Vipères, parasites, insectes et épillets sont les principaux dangers. Ne laisse pas ton chien fouiner hors des sentiers battus : les vipères n'aiment pas être dérangées. Protège-le des puces, tiques et aoûtats à l'aide d'un antiparasitaire. Défends-lui de pourchasser les abeilles, les guêpes et les frelons. Examine ses oreilles et les espaces entre ses doigts à la recherche d'éventuels épillets.

Code de bonne conduite du chien sur la plage

Si ton chien est autorisé à aller sur la plage, veille à ce qu'il ne dérange pas par ses jeux ou ses aboiements les autres vacanciers. Fais-lui prendre son bain en dehors des zones de baignade surveillée. Quand il est sorti de l'eau, fais en sorte qu'il s'ébroue sans arroser personne. Si, par mégarde, il fait ses besoins dans le sable, ramasse ses excréments.

La reproduction

Assister à la naissance de chiots, c'est un merveilleux moment… Mais avant de présenter un amoureux à ta chienne, assure-toi de pouvoir caser tous les petits !

Une question à se poser

Ta chienne aura-t-elle des petits ou pas ? Une décision qui demande mûre réflexion : il faut que tu sois sûr de trouver un bon maître à tous les petits. Du point de vue pratique, si tu fais stériliser ta chienne, la suppression de ses chaleurs te facilitera la vie… Il existe des contraceptifs sous forme de comprimés, mais la solution la plus simple, c'est de la faire opérer.

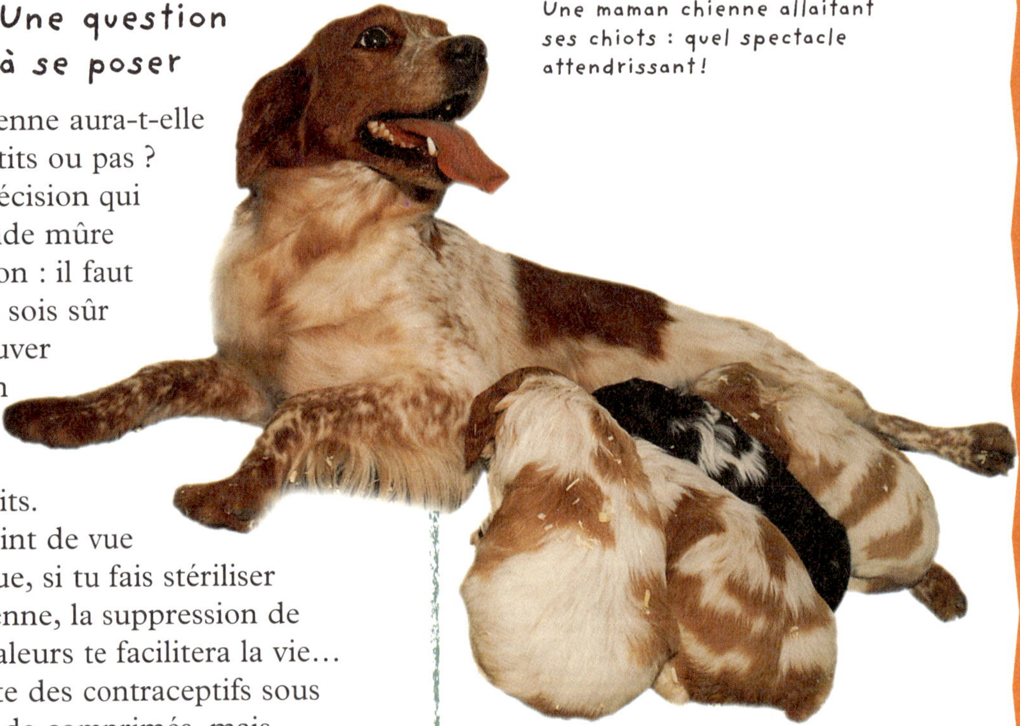

Une maman chienne allaitant ses chiots : quel spectacle attendrissant !

Une chienne doit avoir au moins une portée dans sa vie.

Non, une chienne qui n'a jamais eu de petits ne sera pas plus malheureuse ou malade pour autant.

Je veux faire stériliser ma chienne. Comment éviter qu'elle ne devienne trop grosse ?

Les chiens ou les chiennes stérilisés ont des besoins énergétiques moins importants. Pour éviter qu'elle ne grossisse, pèse-la toutes les semaines. Si tu constates une prise de poids, réduis légèrement sa ration quotidienne et augmente son exercice.

Amoureux de même race

Si tu as une chienne de race, il vaut mieux lui faire faire des petits avec un chien de la même race. Tu trouveras plus facilement des amateurs pour les chiots. Pour que la rencontre se passe bien, emmène ta chienne chez son prétendant. Sur son territoire, il se sentira plus sûr de lui.

Ma chienne s'est sauvée alors qu'elle était en chaleur. Comment saurai-je si elle attend des petits ?

Le moyen le plus fiable est de pratiquer une échographie 25 jours après sa fugue. Si elle attend des petits, tu verras les embryons et leur cœur qui bat…

Ma chienne sera en chaleur au moment des vacances. Y a-t-il un moyen pour décaler temporairement ses chaleurs ?

Oui, grâce à des médicaments sous forme de comprimés ou de piqûres, que tu peux te procurer chez le vétérinaire.

Ma chienne a eu ses premières chaleurs. Puis-je lui faire faire des petits ?

Attends que ta chienne ait complètement terminé sa croissance. L'âge idéal pour la reproduction : entre 2 et 4 ans.

Un parfum puissant

Lorsqu'elle est en chaleur, ta chienne dégage une odeur qui attire les mâles à plusieurs kilomètres à la ronde. Ne t'étonne pas si de nombreux prétendants rôdent alors autour de chez toi.

Une chienne de race qui s'unit à un bâtard ne pourra plus avoir de chiots de race

Non, l'unique conséquence de cette union non désirée sera la présence dans la portée de chiots plus ou moins bien réussis...

Lorsqu'elle attend ses petits, la chienne a besoin de beaucoup de calme.

Comment savoir si ma chienne est prête à accepter le mâle ?

La chienne accepte le mâle au moment des « chaleurs » Celles-ci se divisent en 2 périodes. L'une dure de 3 à 15 jours. La chienne a des pertes de sang, sa vulve est gonflée. Elle attire les mâles, mais refuse l'accouplement. L'autre dure de 3 à 10 jours. Les pertes sont moins abondantes, la vulve est grosse. La chienne accepte l'accouplement. La plupart des chiennes ont 2 périodes de chaleur par an, en automne et au printemps.

Combien de temps dure l'accouchement ?

La durée d'expulsion d'un chiot varie de quelques minutes à plus d'une heure. Attention, s'il s'écoule plus de 4 heures entre 2 naissances, consulte un vétérinaire. Au total, l'accouchement peut durer 4 heures chez une chienne expérimentée, et plus de 24 heures chez une chienne qui met bas pour la première fois.

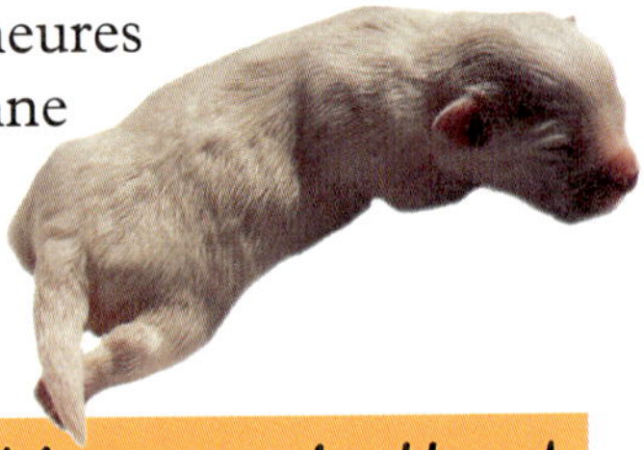

Une chienne qui attend des petits a besoin de manger davantage

Ce n'est qu'à partir de la cinquième semaine qu'elle a besoin de manger plus. Augmente alors sa ration d'environ 10 % chaque semaine jusqu'à la mise bas.

Famille nombreuse

La chienne la plus prolifique était une femelle fox-hound appelée Lena. Elle a eu une portée de 23 chiots, qui ont tous survécu. Lena n'ayant que 10 mamelles, c'est son maître qui a dû jouer les nounous !

Le vieux chien

Un chien ne vit pas longtemps. Un jour viendra où tu devras faire tes adieux à ton toutou bien-aimé… Mais, avec un peu d'attention, tu peux rendre ses vieux jours plus agréables.

Mon chien a 10 ans. Comment faire pour qu'il reste en forme le plus longtemps possible ?

Installe-lui son panier dans un endroit confortable. Surveille son poids. Fais-lui faire un exercice modéré. Donne-lui une alimentation équilibrée, adaptée à son mode de vie et à son état de santé. Fais-lui passer un bilan de santé au moins une fois par an.

J'ai remarqué que les yeux de mon vieux chien ne sont plus parfaitement transparents. Est-ce normal ?

En vieillissant, le cristallin (lentille située derrière la pupille) perd de sa transparence et devient légèrement bleuté. Cette modification du cristallin n'empêche pas l'animal de voir.

Quelle est l'espérance de vie d'un chien ?

Elle est en moyenne de 13 ans. Les chiens de petite taille vivent en général plus longtemps que ceux de grande taille.

Longévité moyenne de différentes races

Irish wolfhound	6,2
Dogue allemand	8,4
Dobermann	9,8
Rottweiler	9,8
Berger allemand	10,3
Boxer	10,4
Cavalier king-charles	10,7
Airedale	11,2
Setter irlandais	11,8
Caniche standard	12
Golden retriever	12
Scottish terrier	12
Teckel	12,2
Labrador retriever	12,6
Chihuahua	13
Cocker spaniel	13
Colley	13
Dalmatien	13
Fox terrier	13
Beagle	13,3
Pékinois	13,3
Chow chow	13,5

Il faut multiplier l'âge d'un chien par 7 pour avoir son âge humain

Non, cette règle est très approximative. En fait, le vieillissement est rapide pendant les premières années, puis se ralentit. Il dépend également du poids du chien. Les petits chiens vieillissent moins rapidement que les chiens de grande taille.

Humain	Caniche nain	Dogue allemand
1	11	27
2	18	33
3	22	38
4	29	43
5	34	48
6	39	54
7	43	59
8	47	64
9	50	70
10	53	76
11	57	83
12	60	90
13	63	98
14	66	107
15	69	117
16	73	127

Mon vétérinaire me dit que mon vieux chien souffre. Il me conseille l'euthanasie. Comment cela se passe-t-il ?

L'injection d'euthanasie est généralement pratiquée dans une veine de la patte. Les substances utilisées provoquent un endormissement, puis un arrêt cardiaque et respiratoire. Si ton chien est anxieux, ton vétérinaire lui administrera un tranquillisant avant.

J'ai un petit jardin de ville. Puis-je y enterrer mon chien ?

Informe-toi d'abord auprès de ta mairie pour savoir si c'est permis. Demande alors à tes parents de creuser à une profondeur d'environ 1 m. Avant de refermer le trou, il faut recouvrir le cadavre de chaux vive.

Le cimetière pour animaux : une bonne solution pour ton ami disparu.

Je n'ai pas de jardin. Que faire du cadavre de mon chien ?

Tu peux soit le faire enterrer dans un cimetière pour chiens, soit le laisser au vétérinaire, qui se chargera de le faire incinérer.

Pataud, un record de longévité

Le record de longévité est détenu par un bâtard de griffon noir décédé à l'âge de 29 ans et 5 mois.

Index

Encadré idées reçues

Encadré records

Encadré histoire

Crédit photo

Agence Colibri
Chaix-Colibri : p. 55 ; Bréal-Colibri : p. 41 ; Brunet-Colibri : p. 13 (md) ; Bonnafous-Colibri : p. 58 ; Fleury-Colibri : p. 6, 15 ; Ricard-Colibri : p. 14 (hd) ; Testu-Colibri : p. 10, 12, 13 (hd + mg), 13, 26, 28, 36, 39, 40, 44, 50, 54 ; F. et J.-L. Ziegler-Colibri : p. 12, 13 (hg), 17, 27, 29, 31, 45.

Docteur Cuvelier
P. 8, 9, 14 (hg), 19 (mg), 24, 30, 33, 38, 46, 52, 56, 59, 60.

Éditions Milan
Chauvet : couverture, p. 11, 18, 19 (hg).
Massacret : p. 21, 52.